Inauguration

INAUGURATION

DE LA

LOGE VELLÉDA

IL A ÉTÉ TIRÉ DE CETTE PLAQUETTE :

50 exemplaires numérotés à la presse :

5 sur papier Watman.

20 sur papier du Japon.

25 sur papier de Hollande.

ON TROUVE CET OUVRAGE

A LA LIBRAIRIE SPIRITUALISTE

ET MORALE

3, rue de Savoie, à **PARIS**

Au Maître F. Ch. BARLET.

Cher Maître,

La L∴ [+] Velléda, reconnaissante de la part que vous avez bien voulu prendre à ses modestes débuts, vous dédie ce souvenir, que je vous prie d'accepter, avec l'expression de notre respectueuse et frat∴ affection.

Le Président.

En donnant le compte rendu in extenso de la TEN∴ BLANCHE (1) d'inauguration de la L∴ ⊞ Velléda, nous avons voulu éclairer les prof∴ sur nos trav∴ et leur donner une idée de ce qu'ils sont appelés à y trouver chaque fois que, la curiosité les poussant, ils viendront à d'autres ten∴ blanches (que nous ferons aussi fréquentes que possible) pour s'y instruire et s'y former.

(1) TEN∴ BLANCHES. — Séances **ouvertes au public**, où chacun peut se présenter, s'il est muni d'une invitation spéciale de la loge.

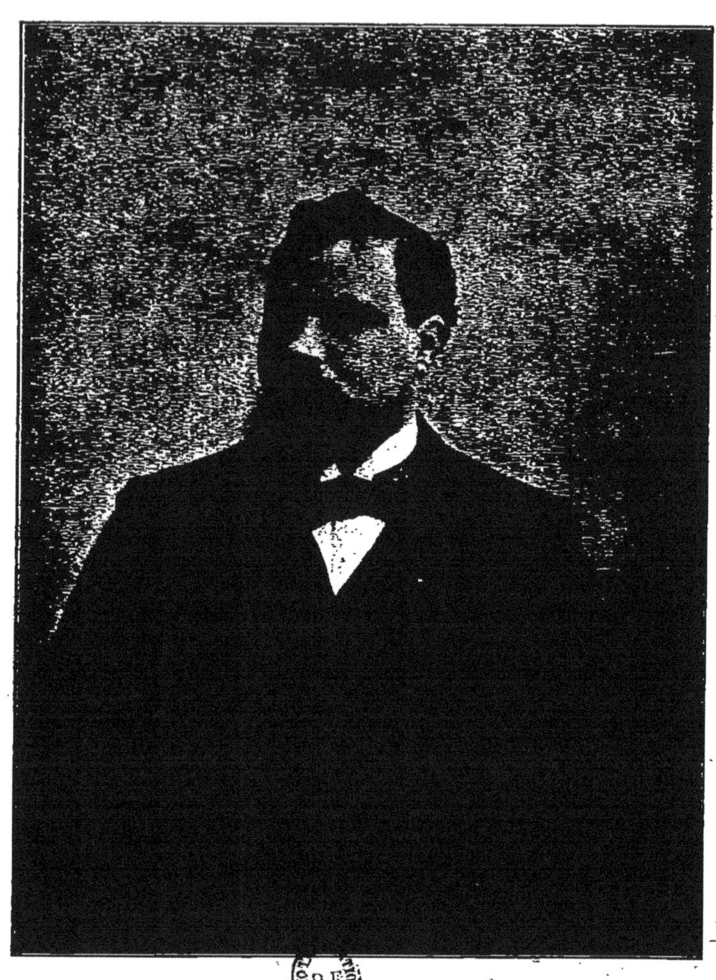

PAPUS I∴ ✠ O. ✠ † †

DOCTEUR EN MÉDECINE

PRÉSIDENT DU S∴ C∴ ET GRAND MAITRE DE L'ORDRE MARTINISTE

DÉLÉGUÉ GÉNÉRAL

DU SUPRÊME CONSEIL DE L'ORDRE KABALISTIQUE DE LA ROSE-CROIX

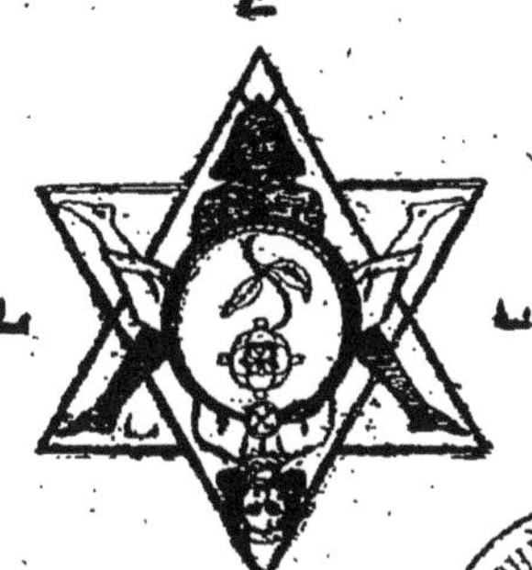

Inauguration

DE LA LOGE

VELLÉDA

EXPOSÉ COMPLET DU SYMBOLISME
DES DOCTRINES ET DES TRADITIONS MARTINISTES
EXOTÉRIQUES

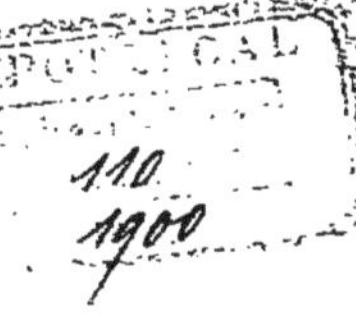

3, RUE DE SAVOIE, PARIS

PRÉFACE

LE P∴ S∴ C∴ AUX F∴ DE LA L∴ VELLÉDA,

SALUT EN יהשוה.

T∴ C∴ F∴

C'est avec un vif regret que j'ai dû me faire représenter à l'inauguration de votre Loge au lieu de m'y rendre en personne.

*Une tournée d'inspection de nos formations en Angleterre me retenait loin de Paris. Mais mon regret fut largement compensé par la lecture des beaux discours prononcés à cette cérémonie, et c'est avec joie que j'ai parcouru le résumé des paroles de notre F∴ S***, délégué spécialement par le Suprême Conseil Martiniste à cet effet.*

Grâce à vos paroles, beaucoup de fausses conceptions du Martinisme et de ses tendances, beaucoup de calomnies portées contre l'Ordre ou contre ses fonda teurs, prendront fin.

2

On verra, en lisant vos discours, que le Martinisme ne vient lutter contre aucune société vraiment idéaliste, et qu'il veut rester sur son véritable terrain de centre actif de culture intellectuelle et d'études sérieuses en dehors de toute secte et au-dessus de toutes les superstitions.

Existe-t-il à Paris une Loge maçonnique d'un rite quelconque où l'homme qui veut étudier puisse approfondir le symbolisme de tous les rites et de toutes les initiations, en basant cette étude sur les éléments d'hébreu et de sanscrit indispensables à cet effet ? Non, n'est-ce pas ?

Eh bien! l'Ordre Martiniste vient fournir aux maçons de tous les rites, comme à tous les hommes animés d'un pur désir, des centres où on ne leur demandera ni serments, ni cotisations (car les officiers payent eux-mêmes et seuls tous les frais) et où le tronc de la veuve ne circule pas. On leur demandera seulement de travailler en camarades, non pas en écoliers, et de se préparer à devenir les guides des frères de l'année suivante.

Nous respectons trop la liberté des opinions pour ne pas laisser à tous nos membres la plus grande initiative et nous avons organisé un enseignement symbolique sérieux et garanti par des thèses et des examens, parce que les maçons français étaient, sous ce point de vue, très inférieurs à leurs frères de l'étranger.

Et cela est si vrai, que tous les défenseurs de l'enseignement symbolique qui combattent nos personnes ou nos œuvres ont été des élèves de nos centres et n'en sont venus à user de la calomnie et des attaques perfides que dans la crainte de voir d'autres maçons devenir plus vite, et mieux qu'eux, compétents en ces études initiatiques dont ils croyaient détenir le monopole. Vous apprendrez, dans nos centres, comment l'initiateur répond par le pardon à l'ancien élève révolté, et comment le temps se charge toujours d'indiquer aux envoyés où se trouve la branche d'acacia qui permet de retrouver le tombeau d'Hiram.

Les faits sont plus probants que tous les morceaux d'architecture. Trois volumes ont été consacrés par les cléricaux à combattre le Martinisme, dont ils redoutent les méthodes d'enseignement, la puissance, et l'organisation, à la fois si large et si fermée.

On considère la France, à l'étranger, comme trop matérialiste et il est nécessaire de montrer qu'il y existe aussi des centres initiatiques chrétiens, en dehors de tout cléricalisme.

Les discussions philosophiques qui forment des esprits libres et des orateurs ardents occupent, dans tous les At∴ Maç∴, une assez grande place pour qu'il soit inutile de faire double emploi.

Mais il était utile de constituer à Paris un enseignement sérieux et méthodique du symbolisme, et voilà ce qu'ont voulu créer les illuminés Martinistes depuis 1887. Nos adversaires les plus acharnés, les cléricaux, ont senti le danger de nos efforts dès le début et n'ont cessé de le signaler et de nous combattre de toutes leurs forces, mais sans pouvoir arrê-

ter notre progression continue. Velléda est la quatrième Loge régulière de l'Ordre Martiniste que nous ouvrons à Paris, depuis moins de trois ans. Avec le Sphinx, Hermanubis et la Sphinge vous constituez un puissant quaternaire d'expansion.

Et aux anciens élèves mécontents, à ceux qui voudront nier le devoir qu'ont les illuminés d'instruire les formations maç.·. qui s'écartent de leur rôle, répondez en citant ces paroles du F.·. Malapert, orateur du Suprême Conseil du rite Écossais (Chaîne d'union, 1874, p. 85): « Pour la pratique de la vie, « nous avons cherché une formule capable de réunir « toutes les conditions désirables. Celle qui répond le « mieux aux opérations des maçons se lit aujourd'hui « sur le frontispice de nos planches ; elle est relativement neuve, car c'est vers le milieu du siècle dernier qu'elle fut précisée par un de nos frères du nom « de St-Martin. La puissance du vrai est si grande « que la devise révélée par Saint-Martin éblouit tous « les yeux. Les trois mots : Liberté, Égalité, Fraternité, *« disposés dans cet ordre, indiquent ce que doit être « une société bien réglée. Tous les ateliers les ont « acceptés et les grands hommes de la Révolution en « ont fait la devise de la République française. »*

Ceux qui, après avoir séjourné dans la chambre du milieu, ont vu les quatre lettres de la parole perdue et retrouvée : INRI, *illuminer les quatre branches de la croix cerclée de roses, ceux-là saisiront l'importance de ces paroles.*

Et vous, Martinistes, mes frères, restez Inconnus

pour ceux que vous appelez à la connaissance de la lumière de l'illuminisme et demeurez Silencieux devant les profanes.

C'est à ses qualités de discrétion que notre Ordre doit sa diffusion rapide. Actuellement, pas une contrée civilisée de la terre n'est étrangère à notre influence, purement intellectuelle, et nos délégués généraux et spéciaux, nos journaux dans presque toutes les langues, assurent à l'Ordre la place à laquelle il a légitimement droit, parmi les fraternités d'illuminés avec lesquelles nous avons signé des traités d'alliance, sans distinction de race, de croyance ou de couleur.

Que les maîtres visibles et invisibles de la chaîne vous assistent dans vos travaux, T∴ C∴ F∴, et que votre voie soit toujours l'Invariabilité dans le milieu préconisée par le TCHOUNG-YOUNG des Chinois.

PAPUS.

INAUGURATION

DE LA

R∴ L∴ ⊞ VELLÉDA

Col∴ de Paris = ce ♀ = [o] = ♋ = [. ✹ o o]

Vendredi soir, au siège de la Faculté des *Sciences hermétiques* avait lieu l'installation solennelle d'une nouvelle Loge Mart∴ sous le n° *** et le titre distinctif de *Velléda*.

Dès 8 heures et demie, un grand nombre de FF∴ MM∴ se pressaient dans le local de la L∴ ⊞ décorée pour cette occasion.

Parmi les visiteurs, citons au hasard :

Le P∴ M∴ — B***, G∴ M∴ de la R∴ C∴ C∴ Beaucoup de FF∴ MM∴ — F M***, R***, S***, P***, S***, S***, membres du S∴ C∴ M∴.

Les FF∴ H*** et G***, D∴ S∴ C∴ en province et en Angleterre.

Le F∴ O*** I∴ M∴ S∴ C∴, etc., etc.

A neuf heures précises, devant les membres de la Loge, en tenue de grande cérémonie, le T∴ Ill∴ F∴ S***, délégué par le T∴ P∴ M∴, P∴ S∴ C∴ empêché par un voyage à Londres, installe solennellement la L∴ ⊞ suivant la formule régulière.

Dès que la L∴ ⊞ est installée, le G∴ Exp∴ fait sortir tous les membres et tous les visiteurs pour procéder à l'entrée régulière et solennelle.

Les FF.·. visiteurs des autres rites sont introduits, et nous avons le plaisir de compter parmi nous :

Les T.·. Ill.·. FF.·. Wirth (S∴ I∴) et Pézard Vén.·. ainsi qu'un assez grand nombre d'autres FF.·. parmi lesquels nous remarquons les FF.·. *Lallement*, *F. Pellé*, *Wuillème*, *R. Raymond* et *Moriez*, tous appartenant au Rite Écos.·. Anc.·. et Acc.·..

Les sept coups symboliques sont alors frappés, et la longue théorie des FF∴, .·. A.·., .·. I.·. et S∴ I∴ se déroule autour du feu central et se divis suivant le rituel en tronçons qui s'arrêtent successivement aux places qui leur sont désignées.

Le G∴ M∴ des C∴ introduit alors les officiers de la L∴ — et l'ouverture des travaux commence.

Dès que F∴ C∴ est allumé, les FF∴ M∴ sont introduits avec le cérémonial accoutumé, sous la direction du T∴ Ill∴ F∴ Ch. B***, président d'honneur de la L∴ ⊞ *Velléda* qui a pris la place de Phil... Inc...

Dès que le F∴ S***, délégué spécial du P∴ S∴

C∴, a été introduit, il lui cède la présidence. Après l'avoir remercié en quelques mots, le F∴ S*** prie le F∴ B*** de reprendre le poste qu'il remplit avec tant de sagesse et de lumière.

La parole est donnée au F∴ Exp∴ chargé de souhaiter la bienvenue aux FF∴ des Rites étrangers. Il le fait en ces termes :

T∴ P∴ M∴, Ill∴ et Vén∴ M∴

T∴ C∴ F∴

C'est pour moi un bien grand honneur que d'avoir été chargé de vous souhaiter la bienvenue parmi nous. Je m'empresse d'en remercier le Docte Phil... Inc... qui m'a confié ce soin, et il m'est particulièrement agréable de vous remercier également tous d'avoir bien voulu augmenter de vos lumières la solennité de cette fête familiale.

Certes, mes F F∴, je dois cet honneur bien moins à mes titres personnels, qu'aux liens tout particuliers qui m'unissent à vous et qui font de moi le porte-parole ému de tous les membres de cette Resp∴ L∴ ⊞.

Par votre présence ici, Vén∴ Maîtres∴, et vous, mes F F∴, vous avez voulu en quelque sorte ratifier d'une façon éclatante le pacte tacite qui unit dans un même élan tous les hommes de bonne volonté qui cherchent la vérité et la lumière.

Montrant que vous êtes des individualités, au-dessus des préjugés et des mesquines distinctions que certains se sont plu à semer sur le chemin du progrès, vous avez voulu affirmer votre volonté nette et précise de tendre la main, sans distinction d'opinion ni de secte, à tous ceux qui, comme nous, luttent pour la lumière et la vérité.

Vous, Vén∴ M∴ en particulier (et, en ce disant, je ne crains pas de violer les secrets imposés aux membres de vos Resp.·. At.·., car le bruit en a traversé les portes, pour se répandre au dehors de vos L.·.), vous donc en particulier avez bien mérité de la Maç.·. en général et de l'Illumin.·. en particulier.

Si je ne craignais de mettre votre modestie à trop rude épreuve, je rappellerais, Vén.·. M.·., vos travaux et les succès éclatants qui les couronnent. Vous, F.·. Wirth, vous avez rouvert, avec une assurance qui dénote votre sûreté de doctrine ou plutôt d'interprétations, des travaux sur la Kabbale et sur le symbolisme, qui sont la base de toute éducation vraiment Maç.·. et qui jamais n'auraient dû être abandonnés comme ils l'ont été. Vous, F.·. Pézard, la largeur de vos idées, l'impartialité avec laquelle vous avez su conduire les travaux de votre Resp.·. Att.·. et la prospérité que vous lui avez donnée sont les moindres titres que vous ayez à la reconnaissance de tous les FF... qui m'entendent.

Aussi quel n'a pas été le résultat de vos efforts. Vous, F.·. Pezard, vous êtes parvenu à grouper autour de vous des hommes d'une valeur rare et d'une largeur d'idée remarquable ; vous citerais-je au hasard quelques-uns d'entre eux ? Les F.·. F.·. Dobrski, Péllé, Chastenet, Lang et *tutti quanti*, sont trop connus pour que je puisse insister un instant. Grâce à vous « LE LIBRE EXAMEN » a toujours été digne de son titre et vous êtes arrivé à faire de la tolérance parfaite, de l'indépendance absolue, la règle de tous vos travaux. Ceux-ci se sont immédiatement ressentis de cette sage direction et vous jetez sur l'écusson du Rite Ecos.·. Anc.·. et Ac.·. un éclat nouveau qui déjà lui attire les sympathies étonnées de beaucoup.

Vous, F.·. Wirth, vous vous êtes justement acquis parmi nous un juste renom d'occultiste, et point n'est besoin pour moi de rappeler ici les liens d'affection et de dévouement qui vous ont unis à notre maître vénéré et regretté Stanislas de Guaïta pour nous assurer de la sympathie bien frat.·. et bien sincère que vous avez su éveiller dans le sein de cette assemblée. Vous savez que vous êtes des nôtres, nous savons que nous sommes vôtres, et VELLÉDA sera toujours fière quand vous voudrez bien lui faire l'honneur de participer à ses recherches sur les manifestations de l'absolu.

Je suis ici le porte-parole, non seulement des membres présents, mais encore d'autres, qui ont gardé de vous un souvenir si chaud et si ému qu'il est presque un culte. Si le F∴ S*** était ici, il vous dirait mieux que moi ce que j'essaie de vous exprimer.

Bref, mes FF∴, c'est parce que nous connaissons tous la largeur de vos idées, le dévouement sans restriction que vous témoignez à la cause qui nous est chère et la valeur avec laquelle vous combattez tous dans cette armée d'indépendants dont nous nous plaisons à faire partie, que nous sommes heureux et honorés de vous compter parmi nous ce soir.

Je vous en remercie encore une fois bien sincèrement!..

Étrangers à nos usages, ignorants de notre symbolisme, vous auriez bien certainement été étonnés de certaines particularités, apanage exclusif des LL∴ ⊞ Mart∴, si la finesse de votre esprit ne vous avait déjà laissé pressentir que sous ce symbolisme nouveau se cachaient des solutions semblables ou même identiques, à ces mêmes problèmes qui font l'objet de vos études.

Votre étonnement s'est alors transformé en une légitime curiosité que j'ai pour mission de satisfaire. Certes mon talent ou plutôt le manque de talent qui me caractérise me met bien au-dessous de pareille tâche, mais j'ai confiance en votre indulgence, et, armé des meilleures intentions, je vais tâcher pour la mériter de me tirer d'un pas si hasardeux, sans trop abuser de votre attention.

Le caractère particulier, qui n'a pas manqué de vous frapper à l'entrée de notre at∴, c'est le cachet d'impersonnalité absolue que nous donnons à nos travaux ?..

Enveloppé du manteau protecteur de l'Initié couvert par le Secret du masque qui dérobe ses traits à ceux qui l'entourent, absolument Impersonnel, le Solitaire Inconnu qui fréquente nos réunions n'a plus à prendre ou à recevoir d'ordres que de sa propre conscience.

Indifférent, en tant que personnalité individualisée,

au jugement de ses FF∴ qui ne le connaissent pas ; Studieux et Solitaire sous le pseudonyme qui, couvre sa personnalité intellectuelle, comme le manteau et le masque, dérobent à tous sa personnalité physique, il peut sans crainte du Sarcasme, des prises à partie, ou même de ce secret sentiment de vanité dont il est si difficile de se défendre, exposer des idées ou discuter des théories.

Ce masque protecteur en l'Isolant apprend à celui d'entre nous qui le porte à rester Invisible. Il lui laisse vis-à-vis de lui-même et de sa conscience toute la responsabilité de ses actes tout en lui donnant en même temps la liberté absolue dont il a besoin pour agir. Or, mes FF∴ n'est-ce pas là le rôle du véritable Initié ?

Loin de nous donc cette idée qui peut-être aurait pu se présenter à notre esprit, que ce mystère apparent est le résultat d'une défiance ridicule, de précautions puériles, ou de notre crainte du grand jour !...

Notre raison est plus haut, et notre but plus noble !...

Nous voulons, par ce symbole permanent, rappeller sans cesse à l'étudiant que le véritable Savoir est Impersonnel et Inconnu en dehors de ses manifestations, et que par conséquent il ne saurait être en aucun cas personnifié par un Individu.

Que le bien sous quelque forme que nous le fassions doit rester Secret et Ignoré ; que, sachant d'avance que celui que nous avons aidé est et restera à jamais Ignorant de notre personnalité, nous n'avons à attendre de lui ni reconnaissance ni remerciements.

Entité Synthétisée, nous ne sommes plus qu'une cellule Invisible de cette Synthèse générale qui travaille pour un but, vers lequel nous tendons tous, et que, *nous le savons*, nul d'entre nous n'atteindra avant les autres!...

Voilà le secret de la vraie Fraternité !...

Invisibles et Silencieux, nous ne froissons aucune susceptibilité, et notre aide peut être acceptée par le plus fier, le plus indépendant et le plus orgueilleux sans qu'il ait à en souffrir dans sa conscience ou dans sa vanité.

Voici les fruits de la Fraternité.

Vous parlerai-je de notre épée ?... Non, car elle n'est plus pour nous qu'un souvenir. Elle ne nous servira ni pour attaquer ni pour nous défendre, du moins dans ce plan où elle est le plus généralement en usage.

Cependant, si vous m'interrogiez sur les lois qui ont présidé à sa construction, je vous dirais que cette lame triangulaire est symbolique, que sa pointe est nécessaire et nous est utile dans la conduite de certaines expériences qui, j'en suis persuadé, seront bientôt du domaine de la science physique la plus élémentaire, et que la façon toute particulière dont elle est emmanchée répond au même but et se rattache au même ordre d'idées.

Mais passons!...aussi bien le tribunal de la Sainte-Vœhme et les vengeances mémorables des Templiers ne peuvent plus faire partie de nos programmes d'études, car nous laissons à d'autres le soin de détruire, ne nous occupant que de reconstruire le temple que tant de gens cherchent à renverser.

Le Ieschoua qui couvre notre bouche a une signification non moins élevée et non moins importante que le Masque sur lequel il est tracé !...

Ceux d'entre vous mes FF∴ qui ont effleuré seulement les merveilleux enseignements de la Kabbale, en saisiront toutes les significations ésotériques ; pour les autres, je me contenterai de leur dire que ce mot mystérieux est la manifestation du VERBE, dans ce qu'elle a de plus profond et de plus complet. Que vous dirai-je enfin de cette coiffure symbolique qui nous rappelle le Sphinx ?

Je laisse à l'un des vôtres le soin de vous répondre. Eliphas Lévi, l'un des Maç∴ les plus savants de ce siècle, nous dit dans sa merveilleuse étude sur ce sujet :

> Le front d'homme du sphinx parle d'intelligence,
> Ses mamelles d'amour, ses ongles de combats ;
> Ses ailes sont la foi, le rêve et l'espérance,
> Et ses flancs de taureau le travail ici-bas !
> Si tu sais travailler, croire, aimer, te défendre,
> Si par de vils besoins tu n'es pas enchaîné,
> Si ton cœur sait vouloir et ton esprit comprendre,
> Initié, salut ! te voilà couronné !

Passons au manteau.

De forme *pentagonale*, il nous rappelle l'activité humaine dans toutes ses manifestations. Je craindrais de vous faire injure, mes FF∴, en vous rappelant toutes les propriétés attribuées au pentagramme !.. n'insistons donc pas autrement sur ce fait, je me bornerai à vous dire que le manteau complète le symbolisme du masque, dont il est le complément nécessaire !...

Après avoir créé sa personnalité, l'initié à nos rites replie sur lui le manteau symbolique qui va le protéger contre ce monde profane dans lequel il rentre, et qui sera pour lui une IMPÉNÉTRABLE forteresse, d'où SOLITAIRE et INACCESSIBLE, IMPASSIBLE et SOLENNEL dans son INATTAQUABLE SANCTUAIRE, il va assister à la lutte des passions humaines qui viennent se briser IMPUISSANTES et SOUMISES contre sa personnalité tranquille.

Il sait que ce manteau, qui est pour lui l'image de la protection qu'il reçoit de notre Ordre et des vertus qu'il doit y acquérir, lui sert de sauvegarde.

Son symbolisme est bien plus développé encore, mais la prudence met un sceau à mes lèvres, sceau qu'il ne tient qu'à vous de briser, si vous le jugez nécessaire.

Car chez nous, mes FF∴, les portes sont grandes ouvertes à toutes les bonnes volontés. Si nous les fermons avec tant de soin devant le monde prof∴, c'est pour pouvoir les ouvrir à deux battants dès qu'un HOMME DE DÉSIR nous demande l'entrée du temple.

On n'entre pas dans un hangard, ouvert à tous les vents ; c'est tout au plus si on le traverse ; mais on entre avec fruit dans un temple où la curiosité du chercheur est aiguisée par la pénombre des cryptes, la richesse et la variété des vitraux ; la majesté de l'architecture !

Vous avez certainement remarqué, mes FF∴, que pour nos travaux nous ne nous servons plus de l'équerre et du compas, et que nous avons abandonné la règle et le niveau symbolique ?...

C'est que nous œuvrons dans un plan bien différent de celui où de pareils instruments ont leur utilité !... Il y a longtemps que nous avons quitté la *Pierre cubique*-

pour nous adonner à des recherches d'un ordre plus élevé et plus complet.

C'est tout au plus si nous avons conservé, pour nos grades inférieurs seulement, de minuscules maillets impropres au travail réel, destinés simplement à nous rappeler, en l'honorant, celui que nous avons dû faire avant notre admission aux grades que nous possédons aujourd'hui.

Au surplus, la lumière qui nous vient de l'Orient ne doit être mélangée d'aucune parcelle d'ombre matérielle, si minime soit-elle ; et le travail qui se fait à cet endroit de notre atelier est absolument et exclusivement du domaine de l'intelligence ; aussi n'y verrez-vous rien qui vous rappelle en quoi que ce soit un travail manuel.

Voici, mes FF∴, en quelques mots bien succincts l'explication de nos divers symboles, explication certainement bien sommaire et bien incomplète, car elle ne vous a été donnée que dans le côté le plus exotérique de ses multiples significations.

Du reste, chez les M∴, les symboles sont peu nombreux, mais ils les connaissent bien. Le premier avantage de cette grande simplicité, c'est qu'elle nous a permis de résoudre, par la suppression pure et simple, la question toujours si délicate des finances et du budget.

Outre que compléter comme il le conviendrait ce rapide exposé me mènerait beaucoup trop loin, il est de ces choses qu'il est matériellement impossible de donner de la bouche à l'oreille. Que nos jeunes FF∴ le sachent bien, ce n'est pas en quelques minutes que le PROFANE devient INITIÉ. C'est par le temps, le travail et la persévérance.

Ainsi que le disait très bien au LIBRE EXAMEN un de vos F∴, le Secret Maç∴ se défend de lui-même, car il réside dans les enseignements, la morale et la philosophie de nos att∴.

J'ajouterai qu'il est plus encore dans le degré d'évolution atteint par celui qui prétend à ces secrets.

Il est vrai qu'une hiérarchie est nécessaire ; que l'enseignement doit être proportionné au grade de l'enseigné, c'est-à-dire au degré d'avancement de celui à qui on le donne.

Mais c'est bien plus pour éviter de l'éblouir par une lumière trop vive qui retarderait son évolution que par crainte de souiller le rayon lumineux dont il peut être petit à petit illuminé.

Non margaritas ante porcos, disaient les anciens, nous ne disons plus pareille chose !..

Pour nous, il n'y a aucune différence essentielle entre l'Initiable et l'Initié, et nous leurs servons à tous les mêmes vérités, persuadés que ces vérités savent bien se défendre d'elles-mêmes, et que celui qui n'est pas en état de se les assimiler passera à côté sans se douter de leur existence.

Je n'ajouterai qu'un mot à ce trop long exposé.

SUPÉRIEURS et INCONNUS; SUPÉRIEURS aux préjugés, INCONNUS pour ceux qui nous entourent, nous passons dans la foule en y semant le germe, qui doit devenir un jour un arbre élevé à la ramure puissante.

Voilà tout le secret de ce mystérieux S∴ I∴ qui est la marque distinctive du plus élevé de nos grades.

Nous laissons l'ignorant abbé Garnier, par la voie du *Peuple français*, nous traiter de SUPRÊMES-INITIÉS, et nous sourions, dédaigneux de l'attaque sous le masque qui nous couvre.

SERVITEURS INFATIGABLES de chacun, nous restons des IMPÉNÉTRABLES enveloppés dans leurs grands manteaux, pour tous ceux qui ne se sont pas montrés dignes de pénétrer le secret de notre INCOMMUNICABLE SYNTHÈSE !

Voici, mes FF∴, ce que j'ai voulu vous faire comprendre. Votre bienveillante attention a été mise à bien rude épreuve, n'est-il pas vrai ? N'en rendez responsable que l'interprète et conservez pour les idées qu'il avait à vous présenter tout l'intérêt que vous auriez eu pour elles, s'il avait su se placer à la hauteur de sa tâche.

COL∴ DE PARIS.

En « Velléda » = [∴ o] = [✡] = [. ✡ o o]

L∴ [+] N° ***

DISCOURS DU DÉLÉGUÉ GÉNÉRAL
DU SUPRÊME CONSEIL

T∴ C∴ F∴

Je suis ce soir à l'un des plus beaux jours de ma vie. Voici la troisième fois que l'Invisible veut bien me choisir pour inaugurer une nouvelle manifestation de sa puissance et de sa réalité. Ce fut tout d'abord l'ouverture de la Faculté des Sciences Hermétiques qui depuis, bien que restée pauvre comme l'Ordre dont elle émana, a vu le succès couronner les efforts de ses fondateurs, par le nombre et surtout par l'ardeur et la sincérité de ses élèves. Puis, il y a quelque temps, j'eus la grande joie d'être appelé à la fondation de la L∴ [+] LA SPHINGE, par les efforts de laquelle nous espérons ramener dans l'art le culte de l'idéal et de la spiritualité.

Ce soir encore, je suis appelé à voir parmi vous des représentants de l'antique tradition. D'un côté, j'aperçois des maçons, qui nous ont fait l'honneur d'assister cette ouverture des travaux de la L∴ [+] ; d'autre part je constate avec plaisir la présence de nombreux initiés M∴ venus pour consacrer cette première manifestation d'une activité qui, j'en suis sûr, sera féconde.

Mes frères, je suis certain d'être l'interprète fidèle du P∴ S∴ C∴, le Dr P***, qui honore de sa confiance un sujet trop indigne, en vous exprimant en ce moment l'affection qu'il a pour vous tous et la gratitude qu'il vous témoigne pour les admirables efforts que vous faites en vue de seconder et rendre plus facile l'œuvre qu'il a entreprise seul, il y a une dizaine d'années.

Le Martinisme qui, pendant quelques années, à partir de Louis Claude de Saint-Martin, avait vu — comme vous le savez — décroître le nombre de ses membres, l'a vu croître à nouveau dès la première moitié de ce siècle.

Aujourd'hui, le Martinisme a porté le flambeau de L'ILLUMINISME CHRÉTIEN dans toutes les parties de l'univers. C'est ainsi que nous avons en Chine des M∴ qui s'attachent à faire connaître l'ésotérisme judéo-chrétien aux derniers représentants des antiques civilisations de la Lemurie. C'est ainsi que, dans l'Asie centrale, les M∴ prêtent leur aide aux Babystes et à tous ceux qui se vouent corps et âme pour lutter contre le régime du sabre, afin de hâter le triomphe de la justice et de l'amour. De l'autre côté de l'Atlantique, notamment aux États-Unis, les M∴ poussent dans ses derniers retranchements la science matérialiste et athée. Enfin, en Europe, et ici ils sont nombreux, les M∴ se dévouent entièrement dans la lutte qu'ils ont entreprise non seulement contre le matérialisme, mais encore contre son frère ennemi, le cléricalisme (qu'il importe de ne pas confondre avec CLERGÉ et RELIGION) !...

Cette extension rapide du MART∴ s'est faite malgré les calomnies que les ennemis de L'ILLUMINISME CHRÉTIEN n'ont cessé de répandre dans le monde profane.

Et, ici encore, je suis heureux de constater l'influence continue de l'Invisible, qui nous a toujours prêté son concours. Grâce aux avis venus d'en haut, bien des obstacles ont été surmontés, bien des dangers ont pu être évités !

Et c'est toujours au moment où les adversaires du MART∴ croient triompher et se réjouissent d'avance d'être témoins de la ruine de L'ILLUMINISME, que l'Invisible se manifeste à nouveau et donne à ses humbles représentants de nouvelles forces pour l'accomplissement de leur mission terrestre. Alors l'Ordre MART∴, qui semblait près de sa perte, renaît plus vigoureux que jamais ! C'est ainsi que l'Invisible récompense ceux qu'il a daigné choisir et qu'il les soutient dans les épreuves quelquefois très douloureuses qu'ils peuvent être appelés subir.

Bien que vous le sachiez déjà, permettez-moi de vous rappeler que le MART∴ se réfère à l'une des plus grandes synthèses occultes, qui s'appelle L'ILLUMINISME. Le MART∴ renferme dans son sein la science occulte tout entière.

Parmi vous sont des étudiants qui se déclarent les humbles disciples de Pythagore. Ceux-ci ont taillé la PIERRE CUBIQUE non seulement dans le monde matériel, mais encore dans le monde moral et dans le monde plus élevé de la pensée. Ceux-là s'attachent à restituer les canons des anciennes synthèses sacrées.

A ces F∴ INC∴ qui constituent la loge le Sphinx, j'adresse encore un remerciement !

D'autres s'efforcent de réaliser le bien sous toutes ses formes. A ceux-là, je donne un salut et un encouragement solennels !

Le MART∴, vous le savez, n'exige de ses membres que la conquête de leur propre spiritualité. Des dieux habitent en nous. Et, en effet, l'homme est un dieu. Mais il ne devient ce dieu qu'à une condition, cette condition est la suivante : « L'homme doit reconnaître sa faiblesse et comprendre qu'il n'est rien devant l'Eternel Dieu. »

Cette conception-là est la clef de toute science.

N'oublions pas que, si la Science est vaste comme l'univers, elle peut également tenir dans un grain de sénevé.

Dans le monde des principes, tout se résorbe dans l'unité ; dans le monde des sentiments, tout se réduit à l'amour ; dans le monde des faits, tout est réductible à un seul acte : le mouvement !

Ainsi donc, mes frères, votre triple devoir est de réaliser la synthèse intellectuelle, l'amour pour vos semblables, l'activité pour autrui.

Tel était également le but que s'efforçaient d'atteindre les disciples des antiques initiations quoi qu'en aient dit les calomnies de ceux qui ne les ont pas comprises.

Certes, c'est là une lourde tâche à remplir ! Cependant, quelles que soient les difficultés qui pourraient essayer d'entraver votre marche vers le bien absolu, n'oubliez jamais que vous ne devez pas faillir à votre mission de MART∴.

En accomplissant les devoirs qui vous incombent en cette qualité, vous témoignerez véritablement votre reconnaissance envers l'Invisible qui vous octroya la faveur d'être initiés à la science sacrée.

Et, si vos forces s'épuisent parfois dans les luttes que vous avez à soutenir et qu'en conséquence vous craigniez de ne plus pouvoir franchir les obstacles accumulés sur votre route, je vous engage à appeler à votre secours la chaîne MART∴ qui, j'en suis convaincu, accédera à votre demande et vous accordera son appui.

T∴ C∴ F∴; vous savez également que L'INVISIBLE est le seul maître qui puisse initier les hommes, soit qu'il prenne un homme pour porte-parole, soit qu'il fasse entendre sa voix immense au cœur d'un homme sincère.

C'est de l'Invisible toujours que vient toute science.

O vous, qui adressez à la grande Sophia vos plus ardentes prières, sachez que cette Sophia vous répondra en vous donnant la clef des mystères de l'univers !

O vous, qui adressez vos vœux à la suprême Beauté, sachez que cette Beauté viendra se réaliser par vos mains !

O vous qui consacrez vos veilles au triomphe des idées de bien, de justice, d'amour, sachez que la BONTÉ SUPRÊME interviendra pour faciliter votre tâche et que, grâce à elle, vos nobles efforts seront couronnés de succès !

Toutefois, rappelez-vous, mes frères, que toute semence ne devient pas un arbre du jour au lendemain, qu'aucun initié n'est parvenu en peu de temps à la totale connaissance, qu'aucun homme ne peut développer en une minute ses facultés physiques, intellectuelles ou morales.

L'INITIATEUR se borne à déposer un germe dans une terre convenablement préparée. C'est à L'INITIÉ qu'il appartient ensuite de faire éclore ce germe par son travail personnel.

Ainsi donc, vous tous, mes frères, qui avez reçu des symboles, des clefs intellectuelles, morales ou artistiques, sachez que c'est à vous qu'incombe le devoir de mettre ces graines précieuses dans le terrain qui leur convient.

J'espère aussi que, sous l'influence de votre labeur incessant, la petite graine déposée en vous germera et deviendra une plante qui se couvrira bientôt de fleurs, puis de fruits.

Telle sera l'ample récompense que L'INVISIBLE vous décernera.

Rappelez-vous aussi, mes frères, que plus un arbre est grand et majestueux, plus ses racines s'enfoncent dans la terre, dans l'humus végétal.

Ainsi donc, plus votre cerveau voudra acquérir de notions, plus il voudra fructifier, plus aussi il vous faudra supporter le dédain des ignorants et endurer de souffrances dans vos veilles solitaires. Plus votre âme reflétera l'omnipotence de l'Éternel tout-puissant, plus il faudra vous résoudre à être foulé aux pieds par ceux qui ne vous connaissent pas.

La douleur est le seul mode d'initiation dans tous les mondes, et vous êtes assez avancés pour comprendre ce que je veux dire.

Vous êtes tous pleins d'ardeur, de foi et de courage, et vous avez certainement constaté déjà par votre expérience personnelle que jamais l'Invisible ne laisse sans réponse la demande qui lui est adressée sincèrement.

Je vous affirme, mes frères, que si vous savez supporter dignement les maux de toutes sortes qui pourront vous frapper dans la poursuite de votre IDÉAL, et si vous savez prier, vous verrez cet IDÉAL se réaliser autour de vous.

Pour les uns, cet Idéal sera la connaissance du Bien absolu ; pour les autres, ce sera la Beauté parfaite sous toutes ses formes.

C'est alors que vous pourrez voir par vous-même que la chaîne MART∴ n'est pas une illusion, un rêve, mais une vivante réalité. Elle a déjà révélé son existence à plusieurs d'entre vous. Et ceux-ci ont été illuminés, éclairés, soutenus et défendus par les influences secrètes de cette chaîne.

Oui, croyez à sa puissance manifeste et voyez la lumière qui s'en dégage.

Dans notre monde moderne, vous n'avez pour vous guider dans le sentier étroit de l'initiation qu'à éclairer votre esprit et votre cœur. Si vous agissez sur le monde intellectuel, vous constaterez que l'Etre n'est jamais mieux perceptible que lorsqu'on a su résoudre toutes les antinomies et tous les binaires.

Vous qui cherchez le pouvoir, vous saurez que le pouvoir viendra quand vous aurez éteint dans votre cœur le désir du pouvoir.

Trop souvent, malheureusement, nous prenons pour la voix du Ciel ce qui n'est que la voix de nous-même, c'est-à-dire quelque chose de bien petit ; si vous vous en montrez dignes, le Ciel vous apprendra à distinguer peu à peu ces deux voix, il vous enseignera à résoudre leur antinomie apparente, il vous montrera que, dans n'importe quel ordre de recherches, la seule voix qui existe pour L'INITIÉ est celle qui concilie les oppositions.

Je sais que plusieurs d'entre vous ont déjà réalisé cette œuvre difficile aussi bien dans l'étude des sciences que dans celle de la philosophie ou de la mystique. Les résultats qu'ils ont obtenus pour ces sortes de travaux sont vraiment merveilleux. Cependant je me permettrai de vous recommander — et, ici, c'est plutôt la parole de mes maîtres vénérés que la mienne, — d'adhérer irrésistiblement à cette voie du ternaire, de concevoir, de comprendre et de réaliser autour de l'éternelle égalité, l'éternelle impassibilité du ternaire.

Vous trouverez prochainement des confusions dans la société. A cette heure où l'anarchie ravagera les cœurs et les esprits, rentrez en vous-mêmes, et ne vous donnez pas au dehors comme des initiés. Soyez prudents afin de conserver dans toute leur pureté les vérités dont vous êtes devenus les dépositaires. Cependant, éclairez ceux qui viendront à vous dans l'intention de recevoir vos conseils. A ceux-là, ne craignez pas de donner les avis qui leur sont nécessaires pour parvenir au port de la Vérité. Sachez rester supérieurs aux préjugés et inconnus à tous. Rappelez-vous que notre titre de chevaliers de L'ILLUMINISME CHRÉTIEN nous fait un devoir de marcher toujours en avant-garde. Nous sommes ici-bas des soldats. Tâchons au moins de conquérir un petit grade qui nous récompensera au centuple des efforts que nous aurons faits, des luttes que nous aurons soutenues pour le triomphe du bien, de la justice et de la vérité.

C'est ce que je vous souhaite à tous en terminant.

Je remercierai également les représentants de la F.·. M.·. Écos.·., les M:·: des loges le Sphinx, Hermanubis et la Sphinge ainsi que les membres de Velléda qui m'ont donné la parole, ce soir.

Au nom du P:·: de l'O:·: M:·:, je vous remercie tous encore une fois, et je vous offre les meilleurs vœux et les encouragements du S:·: C:·: ainsi que la promesse, pour l'avenir, de son aide efficace.

Applaudissements prolongés!...

Le F.·. Wirth, obligé de quitter la réunion, demande alors la parole au Phil... Inc..., qui la lui accorde immédiatement.

MM.·. F.·.

« J'ai un grand regret à vous exprimer, c'est celui de vous quitter dès maintenant. J'aurais voulu rester avec vous jusqu'à la fin de vos travaux. Une conférence que je dois faire ce soir m'en empêche. Mais avant de partir je tiens à vous remercier au nom de tous mes FF.·. de l'accueil chaleureux qui nous a été fait.

« Je puis vous assurer également que nous prenons le plus grand intérêt à vos travaux. Nous les suivrons aussi dans la mesure de nos forces.

« D'ailleurs nous savons déjà à quel ordre de travaux vous vous livrez. Nous-même, nous avons puisé dans les ouvrages émanant de nos FF:·: MM:·: des données très précieuses qui ne peuvent — comme nous en sommes persuadés — que nous enrichir intellectuellement et moralement.

« A ce point de vue donc, toutes nos sympathies vous sont acquises et nous ferons de notre mieux pour seconder votre œuvre. »

Ces quelques mots sont chaleureusement applaudis : tous les FF∴ se lèvent et le F∴ Wirth quitte la L∴ [+] au milieu des marques de sympathie les plus vives. A sa sortie, le F∴ G∴ Exp∴ lui transmet les frat∴ souvenirs et sentiments de sympathie du F∴ S***, empêché d'assister à la cérémonie, et qui avait chargé tout spécialement le D∴, à Châlons-sur-Marne, de transmettre ses regrets et ses excuses.

Le F∴ M***, président actif de la L∴ [+] Velléda, prend alors la parole :

M∴ F∴

Je viens d'abord avant tout vous remercier de l'empressement que vous avez mis à répondre à notre appel, et je remercie de tout cœur tous ceux qui nous ont aidé dans la réalisation de notre œuvre, réalisation devant laquelle se sont dressés bien des obstacles, aussi bien matériels qu'intellectuels, mais, grâce à la bonne volonté et à la solidarité de tous, nous sommes à peu près arrivés à notre but.

Une voix plus autorisée que la mienne vous parla tout à l'heure de notre symbolisme, moi je ne veux que faire connaître aux F F∴ M∴ qui ont bien voulu répondre à notre invitation et rappeler aux M∴ présents le but que nous poursuivons, et les moyens que nous emploierons. Pour cela il m'est nécessaire de vous parler un peu du Mart∴.

Ainsi que vous le savez, le Mart∴ découle de Swedenborg qui initia et illumina Martinès, à Londres. Ce dernier fut chargé de répandre en France les doctrines de l'Illuminisme, dans ce but il illumina lui-même de nombreux disciples dont les plus célèbres furent Louis Claude de Saint-Martin et J.-B. Willermoz. Ces derniers continuèrent dignement l'œuvre de leur initiateur et c'est à eux que nous devons la transmission du Mart∴ jusqu'à nous, à travers la tempête révolutionnaire, et l'indifférence plus terrible encore qui suivit cette époque.

Ce qui dut au Mart∴ de si cruelles épreuves, ce fut l'opposition inébranlable qu'il fit toujours aux vengeances des templiers, vengeances aujourd'hui en grande partie réalisées.

Eh bien, chacun de ces deux maîtres, Saint-Martin et Willermoz, avait agi à sa façon, voyons d'abord l'œuvre du premier.

Son principe était la constitution de petits groupes isolés et inconnus. Pour arriver à ce résultat, il créa un peu partout des initiateurs libres qui passèrent inconnus au milieu des dangers, ce fut en particulier le cas de Chaptal et de Delage qui nous ont transmis intacte la doctrine orale de Saint-Martin et qui ont empêché la chaîne visible du *Martinisme* de s'interrompre.

Voyons ensuite l'œuvre de Willermoz.

Tandis que Saint-Martin avait été initié directement au Mart∴, Willermoz était, quand il rencontra Martinès, Vén∴ d'une L∴ régulière Écos∴ de Lyon, et c'est probablement à cela qu'il faut attribuer sa tendance à constituer des L∴ ⊞ M∴ (ce en quoi, du reste, il ne faisait que continuer l'œuvre de son initiateur) et, si nous pouvons revendiquer Willermoz comme un de nos plus grands maîtres, le Rite Écossais a le droit d'être fier de compter parmi ses membres un homme qui fut à la fois un penseur et un homme d'action (en sa double qualité d'Illuminé et de Maçon) il constitua donc, à Lyon, un centre de L∴ ⊞ régulières à qui l'on doit d'avoir pu conserver les archives qui servirent après la Révolution à reconstituer et le Rite Écos∴ et le Rite Mart∴. On voit par ce simple parallèle que, si le rôle des initiateurs libres est de transmettre intacte la tradition orale, le rôle des loges est de protéger les archives, es rituels, en même temps que de combattre sur le plan physique pour la diffusion dans les masses des doctrines qui résident dans ses symboles. Cela est si vrai que l'Ordre Martiniste a pu se reconstituer grâce à l'œuvre de Saint-Martin et a ensuite retrouvé à Lyon les archives des loges de Willermoz.

Eh bien, encore actuellement, l'Ordre Mart∴ est ainsi constitué : D'un côté des loges régulières directement reliées au SOMMET-CENTRE de l'Ordre. Ces loges s'étendent non seulement en France, mais englobent, à l'heure actuelle, presque toute la surface du globe, et constituent ainsi un réseau dans lequel peuvent circuler avec une rapidité énorme les communications venues du centre : chez nous, en vingt-quatre heures, un mot d'ordre peut passer dans toute la France, en quarante-huit heures à l'étranger.

D'un autre côté, les initiateurs libres, véritables inconnus au milieu d'autres inconnus (également reliés non pas les uns aux autres, mais chacun étant en relation directe et permanente avec son propre initiateur), forment un second réseau qui va du Grand Maître de l'ordre au plus récent des initiés.

C'est à ces inconnus que le Mart∴ doit d'être véritablement, non pas une société tolérée, mais bien une société ignorée qui peut à un moment donné disparaître pour renaître au moment voulu. On peut fermer une loge et disperser ses membres bien que cela ne soit plus très facile, on ne peut pas s'attaquer à l'inconnu qui, masqué et enveloppé dans son manteau, peut passer partout en semant derrière lui la tradition dans les terrains qu'il sait être fertiles. Le Mart∴ peut être votre frère ou votre ami, vous ne connaîtrez jamais que lui, car il a juré de ne jamais révéler le nom de son initiateur, SEULE CHOSE QU'IL CONNAISSE.

Quant aux doctrines Mart∴, vous n'avez qu'à interroger le Maître, il vous répondra et ne vous cèlera rien de ce qu'il sait, persuadé qu'il est que l'on peut tout dire, la vérité sait se défendre seule. Après ce trop long exposé, je veux enfin vous parler de notre but.

Il est bien simple : Nous poursuivons l'évolution du

plus grand nombre possible. A tout le monde nous voulons pouvoir offrir le fruit des travaux de tous ceux qui avant nous ont travaillé et souffert pour arriver à la connaissance de la Vérité une, de l'Absolu.

Mais pour arriver à ce but, il nous faudra parcourir de longues et pénibles étapes.

La première et la plus difficile sera sûrement de nous instruire nous-même, non seulement par notre effort personnel, mais encore par l'illumination qui est la première chose que nous devons nous efforcer de mériter Notre maître, C. de Saint-Martin, nous enseigne à ce sujet la toute-puissance de l'HOMME DE DÉSIR.

Pour nous instruire, il nous faudra faire appel à toutes les lumières, discuter toutes les opinions, toutes les croyances, c'est pourquoi les contradicteurs seront toujours les bienvenus parmi nous, et nous serons toujours prêts à accepter ce que l'on nous apportera de vrai, dût cet apport nous forcer à démolir et à rebâtir tout ce que nous avions édifié.

Cette première étape parcourue, il nous faudra répandre la lumière, et cela sous toutes ses formes, aussi bien physique qu'intellectuelle et morale. Car les trois formes de l'unique lumière doivent et ne peuvent pas être séparées, et pour répandre cette lumière il nous faudra encore discuter, encore et toujours lutter.

C'est dans cette lutte que nous aurons le plus besoin de faire appel à une puissance extérieure à nous : Je veux parler de la chaîne Mart∴.

Sans parler des Maîtres visibles qui à l'heure actuelle dirigent, sur notre plan, l'action Mart∴, il est une force qui ne nous fera jamais défaut, une aide que nous n'invoquerons jamais en vain, c'est celle de tous ceux qui nous ont transmis le résultat de leurs travaux et qui les ont précédés. Ceux-là, indépendants de toute idée préconçue, de tout système, nous aideront toujours, car nous agissons de bonne foi, — et nos initiateurs nous ont toujours enseigné qu'il valait mieux se tromper en agissant que de rester dans l'inaction ; travailler et désirer, telle pourrait être notre devise.

Oh vous! Phil... Inc..., qui avez voulu nous donner

vous-même notre règle de conduite, et vous, Martinès, de Saint-Martin et Willermoz, vous, son frère, qui, avec tant d'autres nobles victimes, avez payé de votre vie votre attachement à la doctrine d'amour et de vérité, nous vous prions de nous guider, de nous assister et au besoin de nous défendre.

En terminant, je veux remercier, au nom de tous les membres de cette loge, le président, les membres et les délégués du Suprême Conseil qui ont bien voulu nous honorer de leur présence, et particulièrement notre maître B***, qui a bien voulu accepter la tâche lourde et difficile de diriger nos travaux.

Et vous, mes frères du Rite Ecos.·., j'espère que nous aurons encore le plaisir de vous voir ici et que, tous ensemble, nous ajouterons notre pierre au temple qui doit abriter la Synthèse du Beau, du Bien et du Vrai.

Ce discours, écouté avec le plus vif intérêt, est accueilli par de chaleureux applaudissements. Le F∴ S*** se lève ensuite et prend de nouveau la parole en ces termes :

T∴ C∴ F∴

Je tiens à remercier le Phil.·. Inc.·. de la L.·. [+] Velléda des bons sentiments qu'il vient d'exprimer et des croyances ardentes qu'il a développées ici. Je désire également vous confirmer, si vous voulez bien me le permettre, toutes les promesses qu'il vous a faites au nom de l'INVISIBLE.

Il y a, dans la sagesse des nations, un proverbe qui dit : « Aide-toi, le ciel t'aidera. » Eh bien ! ce proverbe est essentiellement vrai.

Vous qui avez étudié les sciences et la philosophie, vous avez assurément constaté que certaines lois président à l'évolution des idées, des peuples et des sociétés.

Tout suit une marche uniforme : tout naît, croît et

meurt, c'est-à-dire se transforme pour renaître sous une forme nouvelle et plus parfaite.

De même que dans le sein de la terre les métaux évoluent en partant de la matière grossière et des alumines pour arriver peu à peu jusqu'au métal royal, l'or ; de même que nos maîtres les alchimistes nous enseignent comment on peut se rendre maître des forces secrètes qui règlent l'évolution matérielle, de même nos maîtres les philosophes nous montreront expérimentalement de quelle façon nous pouvons modifier, purifier et fixer notre cerveau, et réaliser ainsi, dans la portion de la totale connaissance qu'embrasse notre horizon intellectuel, cette pierre aux 144 faces dont parle l'Apocalypse ; — de même, nos maîtres les mystiques sauront nous indiquer le moyen de faisse *passer* nos âmes par le feu dévorant afin de les faire renaître et de recevoir par cette régénération un nouveau corps et un nouveau sang.

Travaillons toujours pour notre Idéal quel qu'il soit Cet idéal diffère pour chacun de nous, puisque no. cœurs et nos cerveaux ne se ressemblent pas.

Quand nous aurons ainsi travaillé pour la réalisation sur cette terre de l'Idéal que nous nous sommes choisi, quand nous aurons purifié notre esprit et notre cœur, l'âme de cet Idéal pour lequel nous aurons TOUT SACRIFIÉ S'INCARNERA EN NOUS. Alors nous serons régénérés, comme disent les mystiques ; nous aurons acquis la faculté d'immortalité, comme disent les alchimistes ; nous posséderons la science parfaite, comme l'assurent les théosophes.

La méthode initiatique de N∴ V∴ M∴, Louis Claude de Saint-Martin, a été résumée par cet adage : « Étudier la nature par l'homme et non l'homme par la nature. » Pour nous qui voulons étudier les ressorts qui font agir le cœur de l'homme, cette sentence a une importance capitale.

Vous savez que, physiologiquement parlant, pour qu'une cellule de lymphe évolue, devienne une des nombreuses cellules vitales de notre cerveau, IL FAUT QU'UN GLOBULE SANGUIN SE SACRIFIE AINSI QU'UNE CELLULE NERVEUSE.

Par analogie, nous pouvons conclure de là que l'évolution d'un être ne peut s'opérer qu'à la condition qu'une double involution de forces supérieures ait lieu. Le Créateur ne soutient lui-même la Nature que parce qu'il se sacrifie pour elle. C'est là un des sens du sacrifice dont toutes les traditions religieuses font mention quand elles nous racontent la vie et les souffrances des grands initiés et en particulier de JÉSUS et de KRISHNA.

N'oublions donc jamais que le moyen de réaliser notre IDÉAL, c'est de nous sacrifier pour les autres. Et il faut non seulement que notre cœur se sacrifie, mais que notre esprit et notre corps se donnent également.

C'est alors que l'INVISIBLE nous récompensera en dissipant les ténèbres qui nous cachaient la VÉRITÉ. Le sacrifice de soi-même est absolument nécessaire à qui veut parvenir au royaume de la vie éternelle.

Moralement parlant, les Mart∴ n'ont donc qu'une seule ligne de conduite à adopter : rester inconnus !

Ne prétendez jamais, mes frères, posséder la science absolue ou être parfaits, car celui qui se vante de connaître telle ou telle science ne peut plus de ce fait même avancer dans cette science ; celui qui dit : « Je puis faire telle chose », ne peut réellement l'accomplir.

Que ceux qui, mettant en pratique les enseignements donnés par les écoles occultes, cherchent à développer leurs facultés hyperphysiques, sachent que les pouvoirs qu'ils acquerront sont bien peu de chose.

Ne soyez pas pressés de développer les forces secrètes de votre être. Souvenez-vous que chaque fois que l'on a hâté le développement normal d'un être, — que cet être soit un animal, un homme, un peuple, peu importe, — cet être a pu arriver à un haut degré de perfection, il a pu mériter l'admiration de tout le monde, mais il lui a toujours fallu subir une *réaction* d'autant plus fatale et plus forte que sa culture prématurée a été plus rapide et plus brillante.

N'agissons donc pas ainsi. Laissons au Ciel le soin de faire fleurir, quand il le jugera convenable, les diverses plantes qui sont encore en germe en chacun de nous. D'après la science occulte, tous nos organes ont une individualité propre. Il ne nous appartient pas d'entraver leur autonomie.

Contentons-nous, comme les anciens sages le faisaient, de libérer nos cœurs, nos âmes et nos esprits des préjugés de toutes sortes, d'une morale étroite et d'une science plus étroite encore.

Acceptons patiemment tout ce qui nous arrive. Et, si nous savons le mériter, l'INVISIBLE ne manquera pas de nous donner la pierre de touche qui nous permettra de ne pas confondre le bon grain avec l'ivraie.

Des éléments qui nous seront fournis, sachons extraire des matériaux qui nous faciliteront l'édification, pour chacun de nous, d'une petite pierre du grand temple de Salomon ou de la nouvelle Jérusalem.

Vifs applaudissements.

Le Vén .·. de la L [.·.] Ecos .·. n° 212 « le Libre Examen », qui est largement représentée, se lève alors, et prononce les paroles suivantes :

DISCOURS DU F.·. PÉZARD, VEN.·. DE LA LOGE

« LE LIBRE EXAMEN »

T.·.ILL .·. PRÉSIDENT

TT.·. CC.·. FF.·.

C'est avec un sentiment de vive gratitude que j'ai accepté l'invitation que vous avez bien voulu m'adresser d'assister à l'inauguration de la L.·. Velléda, et je dois vous dire que ce sentiment s'est accru encore en présence de votre accueil si bienveillant et si frat.·. dont je vous remercie.

Bien qu'il me coûte d'atténuer par un semblant de protestation les sentiments que je vous exprime, permettez-moi toutefois de protester un peu contre l'exagération des éloges que vous avez bien voulu m'adresser.

Retranchés derrière le voile de l'impénétrabilité, philosophes impersonnels, vous émettez vos idées en semant à tout vent, sans vouloir recueillir pour vous-même d'autre récompense que celle d'avoir contribué à élever des âmes vers le bien, et vous n'avez cependant pas hésité à exalter ce que personnellement nous avons pu faire dans le même but, oubliant que nous ne pouvions voiler notre modestie blessée derrière le masque et le manteau !

— Mais vous l'avez fort bien dit, T.·. C.·. F.·., en venant ici ce soir, nous avons voulu affirmer notre volonté nette et précise de tendre la main, sans distinction d'opinion ni de secte, à tous ceux qui, comme vous, luttent pour la Lumière et la Vérité.

Nous considérons que tous ici, martinistes ou maçons, nous sommes les ouvriers du T.·. de la pensée ; que tous nous travaillons — par des voies parallèles ou divergentes, qu'importe, si le but est le même ! — tous, dis-je, nous cherchons à orienter les hommes vers un avenir meilleur, tous nous voulons nous perfectionner moralement et intellectuellement, pour tendre à l'Idéal que malheureusement nous n'atteindrons pas.

C'est pourquoi, mes FF.·., je n'ai pas hésité, personnellement, à venir prendre part à vos travaux.

Je savais que je rencontrerais au sein de cette assemblée des hommes d'une haute culture intellectuelle, d'une grande puissance de jugement, ayant une profonde con naissance des traditions philosophiques, à côté de qui je ne suis qu'un profane.

J'ai eu en effet, en d'autres circonstances, la bonne fortune de me rencontrer avec des martinistes : toujours j'ai constaté que, chez eux, l'évolution morale et intellectuelle avait atteint un niveau très élevé.

C'est donc aussi l'espoir égoïste de remporter quelque chose de profitable pour nous-mêmes qui nous a attirés ici.

Nous en partirons avec une riche moisson d'idées et de documents, qui nous ont été fournis par les éloquents discours que nous avons entendus.

Votre symbolisme si expressif nous a vivement frappés

et intéressés, et n'a pu que faire naître en nous le vif désir de devenir aussi de vrais Initiés.

En résumé, vos enseignements et les nôtres sont convergents, et notre œuvre commune me semble bien résumée par le passage suivant que je détache de la préface d'un petit livre écrit par un homme éminent, le F.·. Buisson, professeur à la Sorbonne.

« A un peuple comme à un homme, il faut des principes, un clair idéal, une raison d'agir non empirique et variable comme l'intérêt, non aveugle comme la routine, non désordonnée comme la passion, mais une raison fondée en raison, qui s'appuie sur des convictions, qui suppose une conscience éveillée, un jugement sûr, une volonté ferme..... »

C'est à réaliser cet idéal que nous travaillons, martinistes et maç.·. ! Unissons donc nos efforts pour arriver plus vite au but, et mettons en pratique la vraie fraternité qui facilite les efforts et décuple les résultats !

Ce discours si remarquable est accueilli avec enthousiasme par toute l'assemblée.

Le Docte Phil... Inc... lève alors la séance pour quelques minutes, afin de permettre aux FF∴ présents d'échanger leurs impressions.

Un quart d'heure après, la séance est reprise.

Après la lecture par le F∴ Orat∴ du programme des travaux de l'année, le F∴ G∴ Exp∴ annonce à tous les membres présents qu'un compte rendu complet de la séance, tiré sur papier de luxe, et numéroté à la presse, sera offert par la L∴ [+], à tous ses invités et à ses membres.

Puis la séance est définitivement levée ; le D∴ du P∴ S∴ C∴ est reconduit avec le cérémonial ordinaire et les FF∴ se séparent en se félicitant de cette excellente soirée.

(Pour copie conforme des discours et de la partie officielle).

Le Secrét∴ de la L∴

B*** (S∴ I∴

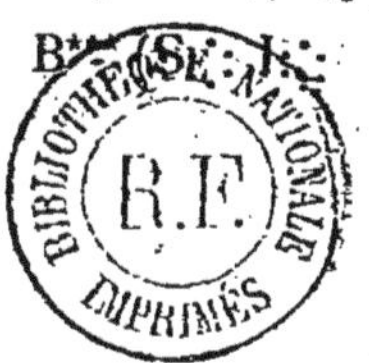

TABLE DES MATIÈRES

TOURS, IMP. E. ARRAULT ET Cie.

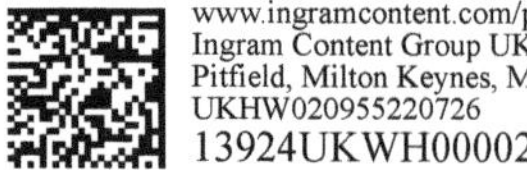

www.ingramcontent.com/pod-product-compliance
Ingram Content Group UK Ltd.
Pitfield, Milton Keynes, MK11 3LW, UK
UKHW020955220726
13924UKWH00002B/706